JN437835

고라니 고속도로

온형근 시집

문학의전당

自序

흔적을 더듬어 가다 궤적 하나 떨군다.
이조차 비워야 할 땡글땡글한 마음임을 알면서도.

아직도 청주에서 목천 사이 경부고속도로의 고라니,
내 눈과 마주친 까만 눈동자가 깊고 그윽하기만 하다.
다시 풀을 뽑기로 한다.
깊이 오래도록 머물러야 할 것들을 사랑해야 한다.
너무 사랑해 달아오른 입김으로 외려 숨이 콱콱 막혀야 한다.
다시 나무에게로 돌아간다.
사람의 발길에 채이고
공중으로 날리는 서툰 약속과
가벼워 쥐어지지 않는 헛말의 홍수에서
한적한 숲, 풀과 벌레를 육화시키는 나무의 거처로.

일을 해 본 사람은 외로움도 절망도 기쁨도 희망도
인연에 따라 흐르게 두는 것을 배운다.

소리와 침묵이 호흡과 정지가
쓸쓸하고 고요하게 서로 사랑하는 줄 알게 된다.
대금 높낮이의 파편이 달게 남아
그리워하다가 절절해지고 저 혼자 휘젓는 줄 알게 된다.
지워질 수 없는 흔적들은 너무 선명해져 있고
따스하거나 뜨겁거나 훈훈하였던 기억들이 넘친다
그리하여 눈은 눈끼리 들러붙는 이치를 알게 된다.

나를 생각하거나 측은지심에 사로잡힐 때도
좋은 일로 웃다가 싫어할 일이 생기는 것도
참 햇살이 눈부시다 말했는데
돌아서며 그늘진 나무 밑 지렁이를 만나는 것도
오랫동안 삶이 거칠어져, 서로 격려하지 못하고
마음속으로만, 얼굴 맞대고 살아야지 하는 것도
도란도란 늘 있었던 일처럼 인내하는 무심함까지도
좋아 미치면서도 그 곁을 멀어지려는 것도

어딘가에서 호락호락 낭랑한 목소리로 서둘러

누군가에게 고맙다는 말을 하게 되는 온갖 상황들에

못 쓰는 담요를 깔고 슬픔이 퇴색된 장례를 치룬다.

차례

1부 내 눈과 마주친 까만 눈동자가 깊고 그윽하다

2부 우전 또는 작설만 남아 혀를 간질인다

3부 지워질 수 없는 흔적들은 너무 선명해져

4부 비에 젖은 그대는 풍요롭다

5부 따스하거나 뜨겁거나 훈훈하였던 기억들은

1부

내 눈과 마주친 까만 눈동자가
깊고 그윽하다

고라니 고속도로

청주에서 목천 사이 경부고속도로
편도 3차선, 한 차선만큼 폭을 지닌 갓길에
이제 막 뛰는 것에 익숙해진 토실한 고라니
두 발이 짝으로 펼쳐진 채
땅바닥에 닿은 등선은 가드레일을 향해 나란하고
오장육부 퀭하니 터진 채 뚫려 여름 습기 쏘인다
지나는 차량 어디에도 피 흔적 남아 있지 않아
고속도로 양 언덕의 녹음은 숲을 이뤄
숲길은 갈라져 개별의 산길로 접어든다
고라니만 저 산과 이 산을 잇고 싶었을까
무심하여 슬퍼진 건 우기의 녹음
천차만별의 생각을 실은 채
출발지에서 도착지만을 응시하는
고단하게 질주하는 사람 닮아 있는 승용차와
개별은 차별이고 차별은 일체유심이지 않아
길보다 고라니 사체가 더 길고 커져 있어
내 눈과 마주친 까만 눈동자가 깊고 그윽하다
고라니 사체가 눕기에 저 땅은 너무 딱딱해

다시 풀뽑기

손톱 밑이 아리도록 거부하였고
호미 끝을 날카롭게 갈아 찍어내는 동안에도
콘크리트만큼 단단하게 제 몸을 열어주지 않았던
바랭이는 야속하도록 억셌다

쇠비름은 미울 정도로 여려 자주 끊긴다

비 온 후 나선 밭으로 가는 길은
움츠러진 등을 펑퍼짐하게 평행으로 펼친다
젖어있지만 속살은 맨땅
견고한 타자가 발바닥을 치고 올라온다
깊이 오래도록 머물러야 할 것들이
싸구려 웃음기를 날리며 비굴해졌다

마음 한 끝이 저미도록 울렁거리며 들뜬다
나만 달아오른 게 아니었다
사랑해 너무 사랑해 달아오른 입김이
내 입에서 훅훅 쏟아져 나온 것이라 했다
아니다 그대의 열린 입자의 공극에서
훅훅 뜨겁게 달아오른 입김이 뿜어져

외려 숨이 콱콱 막힌다

손만 철없이 바쁘게
바랭이 뿌리를 걷고 쇠비름 몸집을 밀친다
살짝 그치지 않은 비로 등짝이 한참 넓어져 있다

유목

지렁이에게
적당히 물기 머금은 땅은
그늘을 만들고
살붙이를 먹여 살리기도 하고
쉼 없이 제 몸 안을 기어다니게 한다

흙 위에서 조금의 땀도 흘리지 않으려는
쥐면 짜질 정도의 물기를 지녔는지
주먹 사이로 먼지가 풀풀 새 나오는지
전혀 감 잡지 못한 사람들은
덩굴식물 근처에서 미혹의 꿈에 부풀려
땅을 딛고 사는 이치를 몰라
발복發福은 아예 생각도 말 일

손톱 밑에 흙 알갱이라도 끼어 있어야 할 것을

흙을 먹으며 이동하는 지렁이 땅은 풍요로워
새는 날쌔게 지렁이를 잡아먹고
두더지는 지렁이를 홀려 포식한다

흙의 방목 앞에 사람의 유목은 철없는 건달
가슴 텅 비어 있는 질 낮은 관념덩어리
지렁이 근처에도 못 미치는
땅의 사유를 지녔다

남사리 신선생

그녀는 창 넓은 모자 위로 수건을 싸맸다 얼굴이 동굴 입구처럼 깊게 자리한다 돌아서 나오는데 작고 소박하게 그러나 들릴 때는 명료하게 버섯을 두 개 만들었다고 한다 저번에 왔을 때는 없었던 것이니 반갑다 소나무 아래를 많이 쳐서 훤해졌고 그 아래쪽으로 절구를 뒤집어씌운 남성을 닮은 석물 두 개가 있다 크거나 작거나 높거나 낮거나 굵거나 가늘거나의 안목으로 들씌워져 오늘도 새벽에 그 많은 식물에 물을 주면서 할 일을 가늠하고 계획하고 끼니는 대충 외부전화는 사절 눈에 띄고 마음 가는 대로 일을 한다 인연법대로 일을 하지 않겠는가 나라면 그럴 것이다 그녀도 그럴 것이다 일을 해 본 사람은 외로움도 절망도 기쁨도 희망도 인연에 따라 흐르게 두는 것을 배운다 그녀처럼 혼자 일할 때는 배움이 웅숭깊다 아주 작은 나무를 얻어 심었는데 하얗게 핀 저 나무라고 나무이름을 알고 싶다고 드물게 보는 나무라 도감을 보았는데 채진목이었다 기쁜 마음에 전화를 하건만 전화는 그녀의 손에 멀다 나도 인연법에 따라 흘린다 흐르는 것들은 걸치는 이치를 이미 진화로 몸에 익혀 두었다

열무를 캐며

어제 잠깐
장마 사이 늦게 만난 열무는 쇠었다
열무 뿌리 뭐 뿌리랄 것도 없던 것이
제 스스로 꽂힐만한 힘을 가졌다
버섯 재배 후 버려지는
톱밥에 쌀겨와 쌀눈 버무린 퇴비
가득 덮인 그대는 탐스럽다
그대에게 다가가 손 뻗어 지상을 꿈꾸며
햇빛과 물과 공기를 취하는 것들
슬그머니 깍지를 풀고
이제는 고통스럽게 껴안지 않는다
보기만 해도 흐뭇하여 배시시 웃고 마는
그대의 생각만 끄집어내도 절로
온몸의 기운이 빨려 들어간다
연한 열무 잎으로 손이 들락대는데
그대의 손길에 맡겨졌던 게으름은
그새 땅에 기대던 벌레들로
기다릴 줄 몰라 빳빳해진 이파리에 달라붙어
성한 잎 없이 구멍으로 보송보송 시원하다

잔디 심기

무릇 비라는 것은 땅으로 하여금
생긴 그대로의 순수를
울퉁불퉁한 골조로 드러나게 하는
잘 쓸리는 천상의 빗질과 궁합을 가진다
황토 포장 산책로 양쪽으로 심긴 잔디는
줄떼로 성벽을 따라 길어지거나
직각으로 발걸음을 닮았거나
평떼로 촘촘한 모눈종이를 그리고 있다
두들겨 패며 잔디 사이 단단히 여며야 할 것을
흙만 몇 삽씩 던져 놓은
평떼 사이 줄눈에 넣은 흙들이 쓸려
땅이 지닌 골조성을 한꺼번에 드러낸다
비는 자신의 무게에 따라 흐른다
땅을 덮고 비 앞에 발가벗은
잔디는 비의 수직성 앞에 부끄럽고
집단의 하향성에 대책 없이 파진다
비는 땅의 사랑을 드러나게 하고
땅은 비에 적나라한 순수를 품어낸다
파여진 골은
땅과 잔디와의 따뜻한 관계를 파헤치고

뚜렷한 못질로 흐르다
한 순간 사라진 곳을 알 수 없다

겨울 은빛 무궁화 산울타리

울타리 근처
낮아진 시선으로
어깨의 통증을 이완시킨다
초겨울 부드러운 햇살을 닮아 있는
은빛 무궁화 겨울 가지는
그녀의 속살처럼 환하다
더러 반짝거린다
가는 목을 길게 하늘 향해 뻗쳐 놓고는
가 닿지 못한 그리움을 풀어내고 있다

잘라 낸 곳은 다시 뭉툭해진다
뭉툭한 마디에서 긴 겨울은 예정되었다
긴 겨울은 눈물, 콧물, 수액까지
그대로 견고한 마음이 되어 다져진다
그렇게 멈추기를 기다렸다 풀어내야
새싹은 가늘게 먼지를 맞으며 기지개를 켠다
울타리 양쪽 가장자리가 정제되도록
무감한 몸체도 솎아낸다
시선이 낮아져 있다
울타리가 웃는다

무궁화 산울타리 근처에서 미안하다
근처, 서성대는 연약함에 두 손을 모은다
양손 가위질로 젖어 있는 온몸에 양해를 구한다
손목에서 어깨까지의 수고로움에
한낮의 따사롭던 햇살을 모은다

삼년산성 화엄을 읽다

1.

천천히 걸었다
무너진 석축에서 현기증
깎아지른 듯 허물어진 돌 틈으로
부처손 다닥 붙어 관세음보살
태어나 볼 수 있는 동산
모두 들어찬 산성은 석축이 아니라 연꽃잎
천수천안千手千眼의 부처손으로
돌과 바위에 숨은 듯 버려진 듯
고운 숨으로 두툼해진 밝은 녹색의 잎들
신라는 산성을 만든 게 아니라
사람들에게 연화세계 그득하게 담기기를
삼 년의 공력
삼천 명의 도반
육천 자 六千尺에 달하는 산성 둘레
흐린 시계를 벗어난 노을이
연꽃술을 닮았다

2.

화엄,
동산에 달 뜨니 너른 들판 비추고
개구리 운다
연꽃잎 수줍어 떨고
돌은 달빛을 머금어낸다
발간 생명의 꽃
은은하여 더디게 걷는다
연화이고 화엄인 산성에
달빛 맺힌다

처인산성

반야바라밀다심경을 독송한다 깨달음은 반짝거리는 5월의 햇살 산자락에서 산성을 타고 논으로 출렁댄다 눈부신 기운 들판에 가득 나무가 땡글땡글 여물어 있다 손으로 새순을 톡톡 잘라낸다

더 자라지 않아 불로장생의 청춘이게끔 꿈처럼 단단한 들판으로 산자락으로 우주로 되돌리는 금방 터질 듯한 포만감 경기평야 처인산성의 화기和氣가 고려의 기운이 어디쯤 살랑대며 바람 머금고 환한 미소 눈부실 활짝 열린 밭 자락 가장자리 모퉁이로

땡글땡글한 나무를 기르고 싶다

내 몸도 땡글땡글해져
툭 치면 용수철 튀듯 떼구르르 구를 수 있는
키는 배꼽까지
아랫도리는 건장한 남정네 허리둘레를 두 번 두르고
윗도리는 날씬한 여자의 개미허리만 하게
약간 뭉툭하면서 급하게 위로 올린
비정형의 원추이면서 다산多産의 임부 모습일
키나 몸매가 일정하지 않은
그러나 늘 한결 같은

나무의 육화

싹이 트고 잎이 튼다 가지였나 싶었던 이내 굵어지는 가지에게 줄기는 강건하다 나무는 가끔 생채기를 낸다 연한 가지는 굵직한 줄기가 버거워 털어진다 매달려 있던 생을 제 힘으로 서 있게끔, 지상으로 거처를 이룬다

한적한 숲에서 풀과 벌레를 육화시키며 무게를 덜어 낸 줄기와 가지는 사람의 발길에 채이고 공중으로 날리는 서툰 약속과 가벼워 쥐어지지 않는 헛말의 홍수에 떠밀려 이 귀퉁이 저 귀퉁이 흐른다 나무의 육화는 연어를 닮았다

한나절 긁어모은 나무의 잔해를 마주한다 서로 다른 생을 간직한 채 마감된 나무들은 푸르고 넉넉한 하늘 닮아 싱싱하다 얼기설기 왼쪽과 오른쪽으로 층을 지어 쌓고 구멍처럼 파낸 가운데에 불을 지핀다 육화된 나무의 잔해는 숯불이 되고 고구마, 감자, 밤이 던져진다 숯에서 얼기설기 까만 외투를 두텁게 입은 고구마와 감자, 입을 쩌지게 벌린 밤들이 오롯하다

옷 벗기고 맛보는 첫맛이 기막히게 달다

녹색 잎사귀의 잎맥

쏟아 내는 빗줄기 힘에 이끌린 채
두들겨 맞아도 한참을 두들겨 맞았는데
어떤 때 그대의 이승에 있다가
어떨 때 그대의 이승이 아닌 곳에 있는지
너무 쏟아내면 세상의 명망 있는 것들은
조용히 안에서 부풀어 바깥을 찢으며 나타날 것을
어떤 날은 얼굴도 손발도 잔뜩 부어 철없어지고 말더니
비 갠 오늘 아침은 아무 곳도 부은 것이 없다
피아노 건반을 두들기듯 난타로 오던 비에
배려는 거짓말처럼 명료하고 표식이 없다
난타를 받아들인 흔적이 건반공이가 되어 있는지
후들거리며 밭에서 걸어 나오기 민망할 정도였는데
바랭이와 쇠비름만 공중에 떠다니며
야한 유혹의 손길로 시위하듯 가득했다
그들 아직 채 식지 않은 열기로 남아 후들거려
바랭이는 사람의 엉덩이만큼 퍼져 있고
쇠비름은 금방 따낸 고구마 줄기만큼 싱싱해져
부풀어 오른 채 말끔하다
난타의 비는 귀를 씻으며
맑은 햇살의 소리가 되고

젖어 있어 세상이 풍요롭다
내 귓속에 들렸던 비명은
흙탕물 하나 튀거나 묻어나지 않은
녹색 잎사귀들을 지탱하고 있는 잎맥이다
부풀어 오른 잎맥을 위하여
그대 가장자리에서부터 조심스레 흔적 더듬고
섬유질의 파이프 다발을 튼튼하게 설계해 두었는지
바짝 가깝게 잎맥을 이루는 섬유질과 소통한다
푹 빠져 심각하게 쳐다볼 요량이다

청설모 조반 삼매

갈 길을 서둘러 학교 정문을 나서는데
거 왜 왼편으로 난 작은 문을 향하다 보면
이슥고 보도를 밟으며 촘촘히 산철쭉 뒤로
서로 커져 있는 반송과 측백나무의
생기 있는 녹색 혹은 왕성한 의욕을 만난다
그러다 아차 그렇지 2층 높이의 건물 한 채만 한
쥐똥나무가 베어져 있는 것을 본다
근사하여 한 번 본 것은 환각처럼 남는 것인지
슬픔이라고 애써 외면하면서도 꿈을 꾼다
있어야 할 것이 뽑힌 허망함을 익히고 있는데
선명한 녹색으로 치장한 측백나무 연한 가지를
뒤흔드는 것은 바람의 소리일 것이라 했다
까만 털옷으로 나뭇가지 끝에 편하게 올라앉은
청설모 앞발을 손처럼 모아 측백의 연한 열매를
잘 차린 성찬으로 삼아 조반 삼매에 빠져 있다

저 나무는 몸집이 커져

저 나무는 몸집이 커져
내게로 올 햇빛 머금고 나면
그늘만 분해되어 서늘해져

꽃 필 때 유두처럼 팽팽하게 위로 향하더니
꽃 진 잔해의 틈을 비집고 발효는
얼굴마저 찡그릴 수 없이 가볍다

발효된 동네의 기억 가득 고인
오래되어 넉넉해진 저 나무는 내게
땅으로 흐르다 멈춰선 곳에서
구멍 난 잎사귀를 떨꾸고도 의젓해

날아다니는 것들의 알
기어다니는 것들의 땀
품어 낸
그늘만으로도 상쾌한
잘 익은 김치 하나 입안에 털어 낸 듯
좋은 터에 앉아 주고받는 막걸리 한 잔 같이

오색의 버드나무

물가로
늘어진 굵은 줄기
용처럼 꿈틀대며
곳곳에서 잔가지 하늘로
곧추세운다

줄기는
떠나버린 사람에게 손짓하며
사람의 흔적
가득한 다리를 향하여
잔가지 부드럽게
내민다

부드러워
손에 쥘 듯
콧김이 닿는다

햇살은
내를 향하여 달리다 절반을 막아선
버드나무 아래에서

너럭바위로 햇살로 쏟아진다
편안하다

바람과 소나무

바람 센 길목의 소나무
쳐낼 것 아낌없이 쓸어모아 내놓는 보살행

꿈꾸듯 선계 닮은 몽실몽실한 가지살
바람 앞에 꿋꿋한 시원스레 뻗은 줄기
알맞게 손 내밀며 흔들거리는 뭉텅이 가지

우거져도
빽빽하지 않아
뭉치지 않고 펼쳐내는
바람은
소나무를 툭툭

"여보세요.
……저에요.
저가 이제는
고만 지나가렵니다."

눈은 눈끼리 들러붙는다

눈은
눈끼리
들러붙는다

눈 위에 흙
신발바닥에 눈
눈은 눈끼리 기막히게 들러붙는다

지상에서의 소멸을 위한
짧은 사랑을 끊임없이 부둥켜안는다

꺼이꺼이
목메도록 골리낸다

눈은
눈끼리 만나 기어코
녹아 흐르는 모습을 이룬다

나뭇가지의 고통

엄지 굵기 나뭇가지를 자를 때는
손에 꽉 잡히는 전정가위를 사용해야 한다
자를 때 팔꿈치에 다가오는 소란
다급하기도 하고
두루뭉술 감각을 닫기도 한다
전정가위에서 나는 소리일지
팔꿈치로 흐르는 온몸의 전기 작용일지
둔하게 징소리를 내다가
꽹과리처럼 짧고 파장이 급하다
가위의 감정은 야릇하다
뚜렷하지 않으면서 길어지는 시간
가시지 않는 징징거림
그래서 징소리도 나고
꽹과리 소리도 내다가
〈악〉 소리로 바뀐다
전정가위를 잡지 않은 날도
악 소리 숱하게 날린다
아주 자주 보통 급하게 악악댄다
깊어지면서 어깨까지 한쪽으로 굽는다

고욤의 상상력

무게 지닌 것들은 잽싸게 빈자리로
가지 뻗은 거리만큼 날며 떨어진다

낙엽은 휘둘려 고욤을 덮는다

그 집 안에서 생명은
오순도순 앉은걸음으로 종종거린다

이 아침의 생기는
까맣게 얼었다 풀리기를 되풀이하는

틀어 앉은 아침 햇살에
눈부신 고욤이 장가가는 잔치

꽃나들이

데이지, 마거리트?

진달래 꽃얼굴로

연초록 새잎 삐죽

목련 꽃잎 몇 장에게

툭툭 뱉어내는 잎새

샐쭉거리는 짙은 그리움

내리찍고 있는 시선

작설雀舌이고픈 허망한 세월

비로소 내가 이뤄 낸 계곡은 서늘하다

비 그치는 광교산에 올랐다
아직 작기만 한 그 계곡에 물이 불어 있을 것을

입구는 유난히 커진 관목들로 가려져
헤쳤으나 불어난 물
깊어진 바닥을 차고 나가기에
산자락 팔뚝 굵기 가지들에
급경사를 정성껏 돌아
온몸 떨리라고 흔들며 오르는데
땀방울이 벌레 기듯 스멀거린다
꽉 막힌 순환이 숲 기운을 섭생으로 모신다

큰산에서는 각각의 작은 골로 물들이 모여든다 물은 무게를 얻고 속도를 내며 더 낮은 골로 이른다 낮은 골들은 서로 이끌려 내를 흉내낸다 뒤엉켜 기어코 터져 울고 마는 물소리를 낸다 비로소 내가 이뤄 낸 계곡은 서늘하다 계곡은 이리 꺾이고 저리 부딪히며 가끔 바위를 만나 틀어나가다 폭포를 지닌다 폭포에 이르는 길은 슬쩍 바람이 불어 숲 바닥 둥글레 잎을 비껴

놓은 그 틈이다

작은 골마다 폭포를 지닌 셈이다
폭포의 본부는 아주 작은 바람이었다

2부

우전 또는 작설만 남아 혀를 간질인다

우전 또는 작설

오른쪽 발가락을 가지런히 모아 왼쪽 무릎 안쪽으로 집어넣는다 허리를 쭉 펴고 손바닥 노궁을 아래로 잠시 뻗어나가는 기운을 감지한다 우전을 마실 때처럼 자르르 짜르르 질러 나가거나 퍼질러 앉는다

오래된 친구를 만난 듯 반좌에 들자마자 입안이 달다

불빛이 펄럭인다 그 사이로 느티나무 한 그루가 근사하게 자리한다 나는 느티나무 근처에 둥둥 떠 있다 정좌하고 있는 느티나무로 바람이 인다 나뭇잎이 떤다 점점 더 빠르게 나뭇잎이 일렁인다

숱하게 많은 나뭇잎에 내가 앉아 있다 정좌한 느티나무가 점점 멀어진다 내가 나뭇잎으로 점점이 박혀 사라진다 보이지 않는다 우전 또는 작설만 남아 혀를 간질인다 휴우 어느새 나는 없다

잠결, 대금 소리에 깨어

마치 멀고 긴 여정을 풀어놓아야 하는 심정으로 놀라고 말았습니다 누군가가 피리라고 했지만 나는 그 소리가 대금이라는 것을 바로 눈치챘었지요 잠결이었으니 잠은 파한 것이고 대금은 깨어 있었지요 호흡이 멀고 길게 빠져나갈 때쯤에야 소리의 파동 안에 높낮이가 절묘하게 스며있음을 알게 되었지요 낮으면서 단호하게 내쉬고 들여 쉴 때와 뱉어내고 빨아들일 때 그 속에서 혼자 생성되고 흥하고 소멸하는 호흡은 숨멈춤이었지요 숨어 있다가 멈추었다가 춤을 추는 것이었지요 나중에는 대금은 없고 긴장 팽팽한 숨멈춤만 남더라고요 대금 높낮이는 숨멈춤을 그리워하다가 절절해지고 숨멈춤은 저 혼자 멋대로 우주를 휘젓고 있더라고요 대금 높낮이의 파편을 부드럽게 휘감고서야 소리와 침묵이 호흡과 정지가 쓸쓸하고 고요하게 서로 사랑하는 줄 알게 되었습니다 그게 대금이더군요

해금 연주

그가 그리움의 길목을 지나쳤다 생각하는 순간 불면으로 좌회전하는 자신을 놓치고 만다 일찌감치 똬리를 튼 해금에 일별한 후 가볍게 가슴을 흔든다 그의 폐는 구멍이 뚫린 게 분명하다 바람이 들락거릴 때마다 가슴을 부여잡고 떤다 소리는 공허한 야밤의 정취를 흔들며 해금을 뜯듯 시작과 끝을 풀어낸다 기침이 폐의 구멍을 건드린다 해금에 갇힌 채 헤진 몸을 공중부양으로 내몬다 그의 불면은 떴다 가라앉는 지랄로 저 혼자 열리고 닫힌다 잠시 꿈결에 잠길 틈도 없이 바닥에 꽂힌다 또 얼마나 긴 일상의 우물을 퍼 올려야 하니 여기저기 매듭 엉킨 실타래일까 해금에 서성대며 달라붙는다고 그래서 기침할 때마다 몸이 공중으로 떴다 가라앉는다는 하나의 순환에만 정신을 모은다 자신은 우울하다고 조각난 기침이 별수 없이 해금에 악수를 청한다 새벽 찬기운이 온몸의 진땀으로 스민다

낮달

득달이랄 수 없이 오르는 산행 길
일행에서 한참을 숨 고르며 흐트러지지 않았다
앞설 수 있기 바란 게 아니라 일정한 보폭과 호흡으로
진득하여 마음이 나무나 바람이나 바위처럼 그저 그러할 때
일행에서 한참을 벗어나 앞서 나가던 나는
나무나 바람이나 바위를 닮아 있었나 보다
내 앞 언덕 높은 곳에서 내리깔리는 목소리
"얘!"
짧고 단호하면서 은근하여 낮은 소리였다
두 사람이 내려오는 상황이라는 것은 알겠는데
한 사람이 앞서고
한 사람이 뒤처져 내려오는 뭐 그런 흔한 산행 모습
그러려니, 치부할 것조차 없이 그저 그렇게
그 언덕을 같은 보폭과 숨결로 오른다
아주 짧은 순간이었는데
뒤처진 사람이 산등성 한쪽으로 급하게 틀어 나가는데
글쎄 어느새 바지를 내리고 낮달처럼 동그랗게
나무숲 사이를 환하게 한다
거참,
"얘!"는 그래서 짧고 단호하며 저으기 낮은 외침이었구나

까짓것,

같은 보폭과 숨결로 나무나 바람이나 바위처럼 오르다
웬걸 다시 산모퉁이로 틀어진 낮달을 보고 마는데
낮달 대신 그 사람의 눈과 내 눈이
낯설고 긴장된 경계의 시선으로 산의 기운을 가로지른다
나는 그 사람이 미안해할까 봐
그 사람은 내 시선이 오래 머물까 봐
낮달은 호젓하든 번잡하든 화려하게 머물러
거리낌 없이 다가오는 가을을 닮아 씩씩해져 있었다

솟대 무늬 박달나무 차탁

주머니에서 찻잔을 꺼낸다 학 무늬가 그려진 청자다 위는 넓게 퍼져 얇고 아래로 좁아지면서 도톰하다 잔 아래 지름은 잔 높이와 비슷하고 잔 위 지름의 절반에 가찹다 박달나무 차탁을 꺼낸다 세로가 조금 길다 두툼한 두께는 엄지의 너비만 하다 앞면에 솟대가 여백을 바탕으로 비구상으로 깎아져 들판에 세워져 있다 박달나무 곳곳에 검은색 금이 박혀 있다 살아 있던 박달나무가 되돌아가는 곳은 묵직함이다 나무는 간 곳 없고 단단하여 점잖은 무게만 되살아 겨울 들판을 지켜낸다 솟대가 비틀거린다 회오리바람이 지나갔다 겨울비가 스쳤다 몸을 움츠렸던 솟대가 벌떡 일어난다 찻잔이 넘친다 젖어 있는 들판으로 그녀가 지나간다 따뜻하여진 잔에서 하얀 학 한 마리가 퍼덕이다 젖어 있는 들판을 훔친다 찻잔을 움켜쥐니 식어 가는 두 손으로 그녀의 온기가 두루 애틋하다 솟대이고 박달나무였던 그녀가 꿈틀댄다

국악꽃향기

세종문화회관 소극장의 월요일 파문을 시작으로 문을 연다 익숙한 소리다 눈과 귀가 호사를 한다 고개를 끄덕인다 백회가 뜨거워진다 용천과 노궁까지 삼문을 연다 혀를 입천장에 말아 넣는다 대금의 헛헛한 숨결 빠지는 소리가 파문의 긴장과 맞물려 입에서도 출구 없는 입김이 새어나온다 눈을 감는다 마시고 내쉰다 소주천을 돌린다고 여겼다 다시 산행으로 이어진다 초원에서 귀소로 돌아온다 그리고는 삼포 가는 길에서 잠시 눈을 뜬다 썩 만족스러운 수련이다 입안의 옥액을 세 번씩 돌려 세 번에 나눠 삼킨다 그렇게 세 번을 한다 듣기에 편하다 나는 새는 한 가지의 나무에서도 편하다는 일지암이 실내악으로 연주된다 바위틈 옹달샘 물소리 찻물 끓이는 소리 도반들의 기장이 가득 펼쳐진다 두륜산이다 노래를 듣는다 한네의 이별 조각배에서 누나의 얼굴로 이별가 삼아 듣는다 흘러간다 가다가 가다가 어디로 갈거나 듣기 편한 노래는 부르기 어려워 쩔쩔매는 세계에 놓인다

가리파재

어렸을 적 자전거로 넘었다고 자랑하던 친구, 반짝거리며 빛나던 아이스스케이트 선수의 건각(健脚)이 치악산 금대리와 성남리 중간쯤 가리파재에 푸담하다 한참을 서성여도 될 이끌림 육산(肉山)으로 이어지는 산행길로 고개 들면 앞산이 가찹다

돌아보면 소나무, 잣나무의 늘씬한 나무꼭대기들이 밭을 이룬다

두어 시간 치고 올라야 산나물을 캘 수 있다는데 한 시간 정도에서 너른 병풍 닮은 내리막길로 접어든다 발길에 채이는 둥글레, 잔대, 참취, 나물취, 곰취, 참나물, 고사리, 당귀, 보이지 않는 것이 더 많아 볼 수 없는 것들은 숲을 이룬다 겨우 참나물 하나를 구별한다

내려가면서 짓밟히고 올라오면서 긁히는 것들 다신 산나물 캐러 오지 않겠노라는 생각에 참나물마저도 눈에 쉽게 들어오지 않아 허리가 굽혀지지 않는다 밟힐까 봐 더 뻣뻣해지는 손놀림 못생긴 나무가 지킨다는 숲에서

밟혀 짓눌린 것은 야생화

꺾여 나가는 것은 산나물
간섭은 속내를 드러내어
한참 에둘러 돌아오게끔 길을 휘게 한다

찔레꽃무덤

그에게 야트막한 산 하나 선물한다 하얀 찔레꽃무덤 여기저기 뭉쳐나는 것들 한때가 있다고 강렬한 향기가 바람을 타고 흩뿌려진다 이 골 저 골 세상에 비릿한 것들 투성이라고 마구 어지러운 햇살을 더한 채 맑기만 하다 꽃도 무덤을 이루면 단정해져 찔레는 깊고 고른 숨을 나눈다 그들끼리도 소통이 깊어 향기는 날려서 빼고 자태는 곱게 떨구어 내고 연한 가지는 바람에 흔들리면서 가끔 날카로운 숨을 내쉰다 그때마다 가시는 단단해져 허튼수작은 꿈결이라며 노란 꽃술에 묻혀 질기다 무덤은 제각각 포물선을 긋는다 벌과 나비가 저만큼씩 주르륵 미끄러진다

사랑의 잔해

팍팍해진 목질부로 흰개미들이 우글거린다 한때 윤기로 넘치던 형성층은 바짝 마른 소리 메마른 바람소리를 흉내 낸다 마른 잎은 숨죽이고 그 거친 날숨 앞에 고요하다 살아 있다고 아직 보시할 몸뚱이가 있다고 흰개미가 득시글대며 왁자하다 그럴 듯하다고 부드럽던 윤활의 시절이 근처였지 않았던가 솜구멍처럼 커진 섬유질 사이로 허한 바람만 들락거린다 습윤의 바람이 몰아친다 더러 빗방울까지 침투하고 있다 안개비에 젖을 때마다 흰개미는 떼를 이루어 찾는다 육신에 비가 내릴 때마다 송송 뚫린 구멍으로 되찾을 수 없는 가을이 새카맣게 그을린다 언제 윤기 탱탱한 시절의 안타까움이 있었던가 이미 잔해로 흔적을 바꾼 나뭇가지들은 문드러져 내맡겨 있다 부지런한 발걸음도 숲에서는 햇살을 가리지 못한다 어제쯤 속살이었던 상처들이 오늘 칼로 긁어도 가렵지 않다

다홍치마 여섯 폭

열다섯, 열여섯으로 만난 강진 유배의 다산은 마흔, 그 후 유배 십 년 만에 시집올 때 가져온 다홍치마 여섯 폭을 보냈으니 홍씨 부인은 쉰하나, 결혼 삼십오 년 만의 일이다 그러고도 다산은 팔 년을 더 유배의 세월 속에 지평을 확장한다

쉰에 접어든 부부의 사랑은 빛바랜 다홍색만큼이나 깊고 그윽할까 홍씨 부인의 삼십오 년 다홍치마 여섯 폭은 한 가지 색으로 바랬을까

다산이 받아 든 다홍치마 여섯 폭은 품에 안고 오래도록 지녀야 할 사랑
시집 올 때 가져온 다홍치마에 홍씨 부인은 자신을 뚜렷하게 새긴다

이를 나누어 두 아들에게, 딸에게 편지와 매조도를 쓰고 그려 보낸 다산의 사랑은 영원으로 향한다 고금에 이같이 깊고 그윽한 사랑을 만날 수 있을까 다홍치마 여섯 폭으로 후세가 훈훈하다

가슴이 뜨거워지는 것은 빛바랜 사랑에서 비롯되는 것을

한때 뜨거웠던 감흥들이 있어 흐뭇해지는 것을
내 안의 단청은 얼마나 바랬을까
한여름 단잠에 빠져 깨지 않았으면

가을 초입, 긴 밤

아침이면 부족한 잠으로 푸석한 몰골 그러려니 넘겼거니와 아침이면 다시 졸려 하품 앞에서 무력해져 그리하여 넘겼거니와 아침이면 눈부신 햇살에 와르르 삭아 무너지는 듯 세포의 웅성거림 그러하였지 넘겼거니와 아예 한 달여를 가을 초입에서 길고 긴 밤들을 눈뜨고 맞이할 줄 그리하여 날마다 퀭한 눈 비비며 곡기 끊긴 짐승처럼 빛을 피해 훤한 길을 나설 줄 잠시 잠깐 생의 입구에서 검문되어 낮잠이라도 달디 달게 가을 햇살이 따사로웠으면 그리하여 생의 중간 어귀에서 물기 털어 내며 말려 내는 몸이라도 싱싱했으면 아직 생의 마감이 그립지는 않은지

극기복례克己復禮

거울 앞에 선다 밤새 새로운 수염이 뿌리로부터 돋아났다 면도기를 들이댄다 허연 아스팔트길이 여기저기 새로 난다 뚫어지게 나를 쳐다본다 부끄럽다 돌아가야 할 자리가 없다

자신과의 싸움일까 자기를 극복하는 것일까 타고난 본성을 회복하는 걸까 한 줄기 서로 다른 쪽 가지일까 전혀 상관없이 심겨져 있는 뿌리일까 되돌려야 할 자기 자신은 있기나 한지 바쁘게 살핀다

대체 자기를 버리고 극복하는 일
보고 듣고 말하고 움직이는 모두에게
마음이 몸의 진퇴와 나란할 때까지 손발을 뻗는다

아이와 나는 극성을 지녔다

억수로 쏟아지는 비 곳곳에 바지랑대가 꽂혀 있는 듯 우산은 형식이다 남문쯤에서 윗도리를 벗긴다 가득 젖어 갈아입을 옷 하나 사 입힌다 우산 드는 방법을 배우는 중일까 아이는 두 손을 꼭 감아 쥔 처음에서 조금도 달라지지 않는다 한 번 배우면 그게 끝인 다르게 해 보려 하지 않는 화성 행궁쯤에서 "자아, 한 손으로 잡아봐라." 했다 나를 쓰윽 한 번 쳐다보는 눈망울에 빗물이 비춘다 "으응" 하고 걷는데 이제야 우산이 아이 중심에 자리한다 가슴 밑바닥부터 복받치는 감정이 위아래 없이 출렁대는데 아아, 휘청거리며 어지럽다 아이는 내게 가슴 시린 물결로 일렁이는 극성을 지녔다 한쪽이 더하거나 덜한 것이 모자라거나 더하여 서로 이끌리는 데 춥다고 할 줄 모르는 아이 곳곳에 바지랑대가 꽂혀 있는 듯 비가 억수로 쏟아졌다

무릎보호대

겨울, 대청 돌계단 무릎보호대 이후
나머지 부분의 살갗들 한꺼번에 일어나 아우성
자극적이어 가만있다가도 벌떡 춥다고 소리 지른다

세상의 나머지 살점들
먹여달라 먹겠다 입혀달라 입겠다
모를 때 행복했던
알게 되어 불행해지는
건들기 전에는 숨쉬는 모공
간질이고 나면 웃음 만발
톡 건드리면 자지러지는 옥수수 강정 튀밥

종아리 살이 징징이에 수작을 부린다 얘 건들지 마 꼬여 어거기야 아니 거기 으응 그래 아 좋아 좋은 것을 알게 돼버렸어 그래서 싫어졌어 싫어 가까이 근처에도 오지 마 너 없으면 더 편해 잊고 살 수 있으니까 나도 입혀주던지 무릎보호대를 벗겨달라고

관절 도진 것은 되돌릴 수 없는 법
종일 타고 다녀야 할
대청 이후의 무릎보호대

헛제사밥

헛헛할 때는 헛제삿밥을 먹고 싶다
슬쩍 나가서 한 바퀴 휑하니 돌다가 만나는
너무 잦아서 찾아 나서는 게 민망한
성벽 근처,
나선 길이 들킬 것 같다는 생각으로
너무 오래 그곳을 들락거렸다는 생각으로
발길은 저절로 향하지만 수시로 틀고 나려는데
한 바퀴 돌고 또 돌다가 갈 곳을 놓치고 마는데
이때쯤 새로 허하여 꽉 찬
나를 붙잡아 맬 길을 찾으려는데
길을 나서면 다 놓친다
개미구멍만 한 렌즈를 통하여
방향과 거리에 따라 그어지는
헛헛하다는 것은 가끔 그 모양에 관계없이
등골이 오싹해지면서
길마다 훤하게 측량되어 사실 건드릴 수 없다

좋은 술집 하나 비 오는 날 가지고 있었소

꼭꼭 숨어라 숨겨 있다고 하지 않았소 아니 아무 말도 하지 않았고 듣지 않았다오 그렇게 서두르지 말라 하였소 다만 비 오는 날을 조심하라고만 했던가요 발걸음이 우산 테두리만큼의 보폭으로 떠다니지 않던가요 이면수 한 마리 구우면 종일 흡족하여 입 가장자리에 허연 테가 껴도 손바닥 하나로 훔치면 된다오 어디 있었소 가까이 와도 괜찮은 좋은 술집 하나를 비 오는 날 가지고 있다오

그가 열심히 들이키고 떠가며 생각의 지평을 펑퍼짐하게 부풀리고 있는데 그게 그렇다오 이쯤에서 비 오는 날의 비애가 젖은 채 사방을 곤두박질하는 게 아니겠소 그쪽 부부가 달려왔을 때는 이미 더는 가라앉을 게 없어진 후라오 형이 더께처럼 비를 훔쳐낸 후라오 그래도 은밀한 대화를 즐길 수 있었다오 거 왜 또래끼리 꽉 막힌 모험놀이기구 꼭대기 방에서 수군대는 그 웅성거림이 왁자하지 않더이까

거기다가 비가 오니 세상이 잔뜩 좁혀지더이다 그래서 낯선 사람끼리도 다정이 넘치더이다 비애가 제법 따스해져 있다고 느낄 때쯤에야 지붕에 새는 비와 멀찌감치 나서 있더이다

인기척

그날 광교산은 적막에 싸여 있었다 홀로 커다란 바위에서 두런거리는 노년을 등뒤로 바라본다 낙타의 등을 닮아 있는 팍팍한 흙살을 밟은 채 몸이 달아오르는 것을 천천히 거둬들인다 물 마시며 쉬는 사람들 틈으로 입을 꽉 다문 채 오래도록 앉아 눈을 지그시 감고 인기척 없어지는 수련을 하였다 마음마저 거뜬 가벼워진 산행 단잠을 자고 난 듯 한참 맑아졌다

그녀를 불러 세웠던 숲

소나무 늘씬하게 하늘로 뻗어 있는 숲 속에 그녀가 있었다

그녀는 아무 말도 하지 않았지만 입을 실룩거리며 바람으로 언어를 부리고 있다 굳게 다문 입술을 가로로 찢으며 봄을 꺼내라고 한다 비켜갈 수 없는 숲에서 한참 후에야 그녀를 불러 세웠던 계절은 사라지고 정적만 감돌고 있다

겨울이었다 손을 내저으며 잃었던 봄이 들로 산으로 꺼내지고 피어나려 꿈틀대고 있었다

겨울 이별

세상을 하얗게 뒤덮는다는 눈마저 허접하여
살얼음 밟듯 얇은 기도
내 손바닥에서 뜨거워져 다가서려는데
비운 자리에 채워져 있는 그녀
헤쳐나가다 길에서 놓치고
겨울의 긴장에 가슴 찔린다
쳐다보지 않는 사이 살강에 올려 둔 물사발
언제 쏟아질지
오래도록 눈 마주치며
비어 있는 자리를 손끝으로 메우며 누른다
깃털보다 더 가벼워진 그녀의 흔적

3부

지워질 수 없는 흔적들은 너무 선명해져

흔적

온몸으로 벅차게 일한 사람은 지워지지만
지워질 수 없는 흔적들은 너무 선명해져

그렇게 세월과 함께 묻혀 가지만

나무와 공간과 계절이 이야기로 마주 어울려
있는 그대로 닮았다

기억은 잊히지만
자취는 남아
사람을 그리워한다

빚

빚,
나를 생각하거나 측은지심에 사로잡힐 때도
내가 누군가에게 나를 보여주는 것도
좋은 일로 웃다가 싫어할 일이 생기는 것도
참 햇살이 눈부시다 말했는데
돌아서며 그늘진 나무 밑 지렁이를 만나는 것도
오랫동안 삶이 거칠어져
서로 격려하지 못하고
마음속에만 한번 들려야지
가깝게 얼굴을 맞대고 살아야지 하는 것도
늘 있었던 일처럼 인내하는 무심함까지도
좋아 미치면서도 그 곁을 멀어지려는 것도
어딘가에서 호락호락 낭랑한 목소리로 서둘러
기쁨이 소리 없이 다가오는 것
다가오기를 바라는 것도
누군가에게 고맙다는 말을 하게 되는 온갖 상황조차도
해서
피해갈 수 없다는 생각 그득해지는 것도
다 빚
이야

그의 이름에 기대어

까마귀 소리가 들리는 섬 그 이름으로 무심할 수가 없었기에 서성거렸다 더욱 뜨거운 것들이 내면 깊숙이에서 숙성된 채 토해내지를 못하고 있었던 거다 분명, 노을 낮게 드리우는 시간을 기다렸다 노을은 바다에 빛을 앉히는 작업을 한다 길옆으로 습지마다 갈대는 슬펐다 얼마나 울어댔는지 어떤 소리도 없다 푸석대며 삭아지기를 기다리고 있다 갈대의 봄도 가까워 바다는 들떠있다

그의 사랑은

그의 사랑은 부끄럽다.

걷는 동안 음식 섭취하는 사이 향하여 발길을 옮기는 시간 사람 앞에 나를 보여주는 순간 내 말을 나 아닌 대상에게 올리는 엄정한 행위 내 뜻을 따스하게 손 모아 보내는 묵언 흙먼지 흩날리며 가슴 뭉클한 영혼을 모으는 찬란한 찰라 백화 만발 백화 난만의 세계에서 미소를 배우거나 짓는 몸짓 질펀한 저잣거리 나무 그늘에서 묵상할 수 있는 여유.

그의 사랑은 부끄럽다.

는 사실을 지우지 않는다 그래서 늘 수행 중 늘 걷는 사람 늘 부끄러워 늘 다독이고 넘치지 않았는지 열어 보고 새지 않았는지 찾아보고 돌부리가 없는지 둘러보고 가볍지 않았는지 무게를 재보고 삭히지 않고 내 보냈는지 곰삭이고 아픔을 나누려 애썼는지 맥박을 세어 본다.

그의 사랑은 수행 중이어 늘 아프다.

바닥을 차는 일

바닥을 차는 일이라 한다 깊게 빠져들었을 때 흙냄새를 맡고 거뜬히 솟아오르는 질박한 입맛을 모르고서야 곰삭은 영혼의 바다에서 어디로 갈까를 상처와 함께 지녀보지 않고서야 내 몸 던져 영혼을 지키려고 하는 이글대는 불꽃이어야 그리하여 시인은 박차고 일어나는 도반이다 뜨거운 유월의 햇살을 온몸으로 맞이하며 종일 밭풀을 뽑아도 찜질방에 기웃대지 않는다 우물쭈물 표류하며 방향 없이 세월에 기대어 이래도 흥 저래도 흥 기우뚱거리다가도 한꺼번에 진기를 끌어올려 반듯해진다 시인에게는 바닥을 차는 기운이 있다 근성이라 불리는

정조貞操의 처음

마음을 다지는 데 우글거리는 흔들림이 있다 꽉 찬 닷새 동안 장독대에 정화수를 올려 청정의 나날을 지켜야 한다고

잘못된 습관을 끊겠다고 새삼스레 옥신각신하는 것은 민망하다 그보다는 스미듯 잘 흐르게 하는 게 더 어렵다는 것을 덕목으로 내세운다

작심과는 더 만나지 않겠다고 심적인 정조를 내세우는데 몸이 비틀어지는데 소주천小周天은 뒷전이고 맑은 얼굴은 속주머니로 감춰지는데 확 트이듯 시간의 들판이 열려 발내딤이 온몸의 모공毛孔을 꿈틀거리며 잡아끄는데

작심을 만나지 않았던 정조의 처음처럼 나를 채근하는 일을 저어한다

포항 죽도 시장의 물회

명멸하는 바다의 거품이 파고를 이루며 달려들었다 고와서 바람에 날리는 모래들이 들숨과 날숨을 통하여 들락거린다 입 안에서 가볍게 바다를 가로지르는 바람은 묵직하다 폭죽의 항로가 크게 흔들리며 사라졌다 거슬릴 것 없었기에 죽도 시장에 머문다 물회를 시켜 바다의 풍물에 젖어든다 뼛속까지 후벼내는 시원한 맛이다 씹혀졌던 모래가 물회를 타고 씻겨진다 바다의 풍물이 내 안에 그득해진다 육지로 나서면 토해질지 모르는, 밤바다

밤바다, 토해내고야 돌아오다

밤바다, 토해내고야 돌아올 수 있었다 가슴 근처에서 옥 매며 아직 내게 남은 것이 있는지 꺼억꺽 불편한 심사를 진땀으로 가로막는다

뱉어져야 할 것이면 기어코 어떤 방식을 지니든 쏟아야 할 것이라면 어느 상황에서든 받아들여야 할 것이라면 앓아 누워 심한 갈증에 허덕이더라도 아파야 한다

남아 있는 미진한 기운 간신히 꿈틀댈 수 있는 여력으로 밤바다의 헛헛한 식욕 앞에 부끄럽다 힘을 다 쏟아 붓고야 살아낼 수 있는 그 앞

이 계절 절정이라는 전어

종일 아팠던 목으로
이 계절 절정이라는 전어를 먹었다
구이, 무침, 회를 순서대로 또는 함께
풀코스라는 이름으로
아랫배
부풀어올라
만지면 큰북처럼 소리가 쿵쿵 울릴

좋은 날 돌아오는 길은 주차장이다
찔끔거리며 홀짝대는
페트병만 더디게 줄어든다
내심 아쉬울 때는
싸들고 움직이는 게 이치에 맞다
피곤함도 지극하면
쉽게 눕지 않는 풀코스의 뿔따구를 지녔다

복실福實이 서호 공원을 걷다

복실이에게 근사한 집이 생겼다 파란색 지붕 아래로 검정 복실이가 들락댄다 이제 두 달 반 손발이 굵어 더는 자랄 것 같지 않은 몸집 물을 끼얹고 샴푸로 거품을 낸다 복실이는 지그시 눈을 감는다 그의 토실토실한 어깨에는 근육이 잡힌다 얼굴만 남기고 실컷 매만진다 그의 기분을 헤아려 헹구는 마무리로 눈과 코에 물을 앉힌다 햇살 골목길로 그윽하고 복실이는 진저리를 치며 몸을 떨고 손에 묵직하게 전해지는 떠는 몸짓 털려 나오는 물기마다 햇살 받은 무지개 영롱 그의 발길에 발바닥 굵기 만한 힘이 더해진다 서호 공원에서 복실이는 씻겨낸 털빛으로 반짝거린다 그는 배를 잔디밭 가득 깔고 행복하다 복실이를 바라보는 사람들이 미소짓는다

포도밭이 있는 풍경

길모퉁이로 돌자마자 거기 포도밭이 있다 포도의 잎은 급격히 말라간다 하룻밤을 자고 나니 여기저기 포도가 캐졌다 캐진 자리가 휑하다 저 끝에서 사람의 움직임 누군가 나를 보더니 냅다 뛴다 잡으려고는 했던가 묵힌 마음으로 하룻밤을 더 자고 그곳 포도밭으로 나선다 버린 밭이라고 못 보던 사람까지 가세하여 포도를 따서 챙긴다 여보세요 주인 허락 없이 포도를 따면 안 된다는 말 목끝에서 울리다 목젖만 간질인다 포도 따서 가져가는데 나는 허공에서 다시 하룻밤을 자고 그곳 포도밭으로 나섰다 여기저기 비어 있는 포도밭으로 끝나지 않을 애증의 행로에 들어선다 내 몸은 그곳 포도밭으로 나서지 않으려 죽을 맛이다 빼내기 어렵다면 포도밭의 풍경을 바라보듯 탐스러운 욕심이나 기를 일이다

어린 시절, 이글루

뒷목이 극도로 땡기는 그악스러운 순간들과 어울려 산다 특별하게 그 자신을 미워하지 않는 천성이지만 한꺼번에 몰아서 칼을 들이댄다 화를 낸다 스트레스라고 생각하지 않았는데 화가 그를 구원해 줄 것이라고 여긴다 뒷목살이 두껍고 질 낮은 가죽처럼 딱딱하게 굳어 있을 때쯤 한 떼의 무리가 뒷목 부위를 남긴 채 새로운 초원으로 떠난다 그는 남았지만 어린 시절은 떠났다 삼인칭이 되어 꿈속에 이른다 어린 시절, 지금은 좁은 골목길 마차가 오르내리던 유년의 큰길 겨울은 불알친구들과 눈으로 이글루를 만든다고 마차길을 피해 한쪽에 헤아릴 수 없는 몇 날을 이리저리 바빴다 옷은 두꺼웠으나 찬 기운은 그대로 파고들었고 삼한 사온의 사온이 찾아오지 않기를 기도했다 물을 뿌리고 얼려 눈벽돌을 찍으며 돌처럼 단단해지는 건축 내내 식구들은 놀지 마라 허벅지를 꼬집고 눈을 흘겼다 아침 일찍 이글루로 향하면 눈살을 찌푸렸다 그날은 이글루에 못 쓰는 담요를 까는 날이었다

유년의 내면

유년의 내면으로 달리는 영화를 본 것 같다 그의 유년은 늘 깊은 곳에서 말을 하고 싶어 웅얼거리는 그러니까 말문이 터지려고 쳐다보는 선선한 눈매 검은 눈동자 깊은 바닷속 같은 이야기들이다 한도 끝도 없이 뒷목 당기도록 끌려가고 있었다 무엇이 그의 장강처럼 도도하게 흐르는 내면을 이끌었을까 모를 일 그렇지만 알 것도 같은 일 그냥 말하듯 편하게 범람하지 않을 정도로 백팔 배 삼천 배 눈물이 흘러 법보를 적시더라도 유년의 내면으로 함께 갈 수 있게 해달라고 졸랐다 그날 이후 후배를 만나 번쩍거리는 동네에서 새벽 세 시까지 그의 플룻으로 프린스 오브 제주 라이브 연주에 나는 어쩌지 못하고 손을 슬그머니 놓았다 그의 유년은 나를 풀리게 했고 아주 서늘한 오늘이 그에게 있었다는 것을 알았다

코스모스 하늘거리는 길

그 애와는 그 길이 키 커져 있다

늘 함께 다녔다는
작은 아이들이라 성가실 만한 시선은 없었고 애써
보려고 하지 않으면 나돌아다니는 동선 역시 미미하였을
그 길은 코스모스 하늘거리며 다소곳이 얌전했다

내가 집에서 나올 때쯤
그 애는 신발을 신고 가방을 옆에 둔 채 마루에 걸쳐 앉아 있을 테고
나는 내쳐 바쁜 발을 내디디며 나서고 있을 테다
그 애의 아버지 함자가 한자로 써진 대문 앞에서
소리 높여 불러내고는 대답 소리와 함께 그 애의 내딛는 발소리
문을 열고 마주치면서
화알짝

커다란 방앗간 울타리를 따라 돌면서
왼편으로 초당을 짓고 채소를 기르는 밭을 지나면
작은 네 길 모퉁이에 군것질할 가게가 하나 있다

그네 집이 누구네 집이었지
거기서 더 올라가면 오른쪽 집들 사이로
왼쪽 집들 사이로
그 애와 나를 둘러싸고 문 여는 소리
함께 와르르 몰려 들어가는 등굣길

당차고 늠름했던 그 길
여러 날을 떠올려 보았지만
코스모스 하늘거리는 광경만 가득
그 애와 걷던 조용하고 진지했던 속삭임들

운전 교습, 무진戊辰날에

이월 여드렛날 시뮬레이션 게임에 매료되었다
터널 앞에 엉덩이를 걸쳐
오늘이 정월 열하루 무진일이라는 것도
아랑곳하지 않았다
펄펄 눈이 쏟아지는데
쩨쩨하게 안전벨트를

꼬여 있잖아
수없이 중앙선을 침범하고 도로를 이탈하는
교습이라 일컫는 시뮬레이션

어디냐고 뭐하느냐고 말 못해
이해시키려니 무진 날의 펄펄 날리는 풍경이 웃어
뒷목이 땡겨 설명되지 않는 거야

게임이라는 누구나 해 보았음직한 몰입에
펄펄 날리는 방화수류정의 은세계는 돌아앉았다

만져지고 마시고 젖는 것은 시뮬레이션일 수 없어
바람이 만드는 각도를 재느라

펄펄 날리는 눈에
바쁘게 양은주전자를 드느라
팔뚝 근육에
힘줄 시퍼렇다

굵은 차선을 내며 직진으로 성벽을 오른다

플라스틱 상혼

서둘러 도착한 상가喪家
현금카드기능이 등록되지 않았다는 기계음
스캔되지 않는 1588로 시작되는 전화
배터리 절반 소모될 때까지 따라갔으나
공허한 울림만 흐드러지다

전화비를 받아먹는 건지
전지를 소모시켜 전기료를 돕는 건지

상가商街 주변 날름거리는 상혼商魂
결재에 아무 지장 없는 카드
배고픔도 택시도 그리고 주전부리까지
원스톱 플라스틱
입안이 뜨거워진다
포장마차 종이컵에 국물 한 주걱 얻어 마시면서

많이 닮아 가고 있다
끝 모르게 닳고 있다
저들끼리 달그락거리며 시끄럽다

세상에 무거운 것들은
모두 사라지고 있어
오기가 달랑 가벼워져 있다
서둘러 빠져나온 상가喪家
플라스틱으로 만들어진 술을 마시고
입을 꿰맨다

손망실 사유서

그날 마군魔軍이 뇌성벽력도 없이 설악에서 수원까지 따랐다
그건 이튿날 하얗게 분 바른 표정으로 변한 M500 레이저폰 액
정에서 확실해진다 잃어버림 후에는 망가짐이 웅크려 있었다
그러니까 비 오는 월요일 용인은 왜 갔을까

느티나무 몽둥이로 잘라 놓은 채 꽂아 둔 그 밭
한 그루도 쓰러지지 않고 나를 쳐다보고 있었던
송전리松田里로 나섰던 버스를 두 번이나 타고
그 은행에서 대기번호 161번이었던
순서로 26순위였지만
1시간 20분을
다만 재발급신청서를 접수하기 위함이었던

목말라 있었다
뿌연 안개에 가려 진해진
맨살을 바라보고 있었다
마군은 용인까지 따라왔을까
거꾸로 가는 버스라고 알게 된 것은 양지
다시 바로 타고 내린 곳은 아주대 앞
마군이 떨어져 나갈 때는 위치를 알 수 없듯이
손망실 사유서는 출구 없이 저절로 떠났었다

모시, 그 꺼끄러움

의관 갖춰 창문 연 채 얇은 홑청 덮으니
바람 호시탐탐 모시 저고리 꺼끄러움에게
제 것인 양 불어 주며 꺼풀을 재우는데
아무 궁리 없이 딴 나라 물경 구경으로
궁합이 맞닥뜨려지지 않네 그려

입추 지난 지 언젠데
목 근처 톡톡 발진으로 가렵더니
좀체 긁지 않을 재주가 없는 거야
걔,
바람 말이야
완전히 웃기는 노릇이지 뭐야
깜빡 의식을 놓았더니
등골로 땀방울 같은
굵직한 바람들이 스멀거려
모시의 꺼끄러움 앞에
표면장력으로 굴러다니는 거야

모기도 없이 비행 소리는 흘러드는 것인지
움직임 없이 바람 세우고 모시 저고리 잘 난
이런 날은 날밤으로 각자 노는 거야

허공에 양팔이 놓인다

당신에게 다가가려는 생각 직전에
스르르 잠들며 무너져 내렸다는 판단
오래된 기운을 사사로이 지니고 있었을까
자기 것으로 하지 않기 때문에
천천히 허공에 머물려 있었을까

긴 산책으로 돌아와
몸을 추스르는 사이
기운은 보살펴지지 않은 채
손바닥으로 밀려 빠져나간다
결별일 때 집히는 것이 필요한데
허공에 양팔이 놓인다

안에서 밖으로
머리에서 아래로 흐르며
양팔은 잘라진 산허리에
풀 나무도 자라지 못한 벗겨진 언덕 흙에
비 맞아 무너져 내렸다
어디서 시작되었는지
내리누르듯 허물어지게 하는지

지닌 것은 맥 풀린
난간이라도 잡고 싶다는 심정뿐

그녀의 인도네시아

사나흘 인도네시아에서 날아오더니
군것질만 잔뜩 늘어난 눈매에는
글쎄, 아직 이국의 땅이 못마땅하다 말할
그녀에게 연륜이 배어 있지 않음일까
감귤과 쥐포까지 그녀의 손에 들려 있는 동안
작고 앙증맞다 태풍이 불기 전인데도 맑다
옆에서 그녀의 다정스러운 시간에
편승하지 않으려 애쓰다 쏠려 들어가는데
자카르타로 날아갈 수 있는지를 가늠한다
얼마든지 오라는데 목재상이나 되어야
그럴만한 보르네오 숲은 남아 있을지
아마존도 콩고도 열대우림의 나무까지
뒤도 돌아보지 않고 숲으로 들어가
거대한 숲이 될 배포가 있는지
그녀의 인도네시아는 쉽게 들락거릴 수 없다
하늘을 찌르는 보르네오 숲에서
마음먹고 벗어날 수 없을 것만 같다

비에 젖은 그대는 풍요롭다

젖어 있는 산길

젖어 있는 산길은 미끄럽다
미처 속살까지 내어주지 못한다
비에 젖은 그대는 풍요롭다
내 발에 적셔지는
풍요로움이 예비 되어 있다
우리가 믿는 것은
말랐을 때 비가 예정되어 있고
비 온 후 세상이 후덕해지는 것
정말로 내가 믿는 것은
비 온 후 밭에 나가 풀을 뽑는 게
마른 땅의 후덕해진 인심과
대지의 허락에 의한다는 것
어떤 경우에 마음과 세상이 열려지는가를
비에 젖은 그대쯤에서 우왕좌왕 찾아본다

동수원 IC, 들어서다

한 곳으로 초점이 모아진다 되돌아오지 않을 곳으로 가는 중 눈앞이 흐려진다 그만큼 볼륨은 커져 있다 가려진 시야 숨겨진 지점으로 두 손은 고정된다 백회로 이른 새벽의 기운 젖어들어 졸지에 이마에서 코로, 코에서 가슴으로 배꼽 아래로, 다시 등 뒤로 돌며 돌아갈 곳 없는 윤회에 맡긴다 삼백육십 골절과 팔만 사천 개의 모공 모두 축축해져 슬퍼하고 있는데 만져지지 않으니 슬프지 않은 것이라며 언덕길이었는지 내리막길이었는지 내렸어야 하는지 올라타야 했는지 긴 여로였는지 짧은 산책이었는지 다시 타야 하는지 아예 내쳐야 하는지 날 하나는 청명으로 타올라 기막히게 눈부시다 한 곳만 바라보려는데 찰나마다 반짝이는 산만한 유혹들 참으로 통명스럽다

운구차

겨우 오고 가는 차량으로 골목길 수준에 놓인 조원동 내리막길 불규칙한 교육청 네거리 한 번 신호에 걸리면 언덕 정상을 너머 저 아래까지 긴 행렬 거슬러 오르는 출근길에 운구차가 영결의 서러운 시간을 머뭇댄다

무표정한 신호를 습관처럼 세어 보는 중늙은이 운전기사와 눈이 마주친다

한 칸 띄우고 첫 자리에 허연 머리칼을 지닌 황혼의 할아버지 고개 들어 운구차 기사만큼 갈 길 밝히며 앞섰다 바로 다음 칸에 안경 쓰고 성경책을 읽나 했건만 그다음 칸에서 읽는 게 아니라 노래하는 것이라 했는데 다시 다음 칸에는 손거울만 한 돋보기가 책에서 기리 벌려 들려졌고 고개는 돋보기 향해 숙인 채 이미 평화로워진 할아버지가 운구차를 이룬다

고인의 유해는 칸을 허물어 가로로 둘러앉은 유족들의 시선 놓친 침묵에 놓였다

운구차를 지나니 삼삼오오 낯선 친지들이 세상의 바닥에 승용차로 잠시 대기 운구차로부터 점점 멀어지고 슬픔이 퇴색된 장례행렬이 펼쳐진다

비 오는 날, 우산

우산을 내리치는 소리가 참 맑다고 나선다 우산이 그어 내는 동그란 원에 고스란히 하나의 뭉치가 되어 모인다 어깨의 가방이 먼저 가슴팍으로 당겨진다 비 스미지 않는 운동화로 발등이 차갑다

언덕길로 접어든 선택에 급물살로 흐르는 빗물을 내친 길이니 기꺼움으로 치환한다 길 가장자리로 흐르는 물의 세력이란 조금씩 길 중간으로 급한 발길을 서두르게 한다 앞뒤로 인기척도 없고 빗소리만 우산과 관계한다 쓸쓸하다 못해 괴괴한 뒤에서 빵빵거린다 피할 곳은 콸콸 흐르는 언덕길 가장자리 간신히 멈춰 스치도록 한다

우산은 내리치는 소리로 커져 있고 빗소리 왕왕 대고 편안하지 않다 우산만큼 죄어들더니 우산살처럼 날카로워진 걷기는 발꿈치에서부터 꿈틀댄다 젖어진 바지는 바지의 천을 탱탱하게 긴장시키더니 어느새 사타구니 아래까지 축축한 이질감으로 둥지를 튼다 그제야 잔뜩 흐려진 길을 서두른다

사람들의 말소리에 우산을 접는다

선짓국

팍팍하기가 선짓국 같다고 하였을 때, 왜 쉽게 이해하려 드는지 알다가도 모를 일 사는 일이 윤기 말라 쥐면 부서질 것 같아 해장국으로 먹던 선지를 한 모금 물고는 왈칵 눈물 쏟아 낸다 선지를 먹었는지 목구멍으로 눈물이 버무려진 슬픈 형상을 마셨는지 오래도록 버려 둔다 이른 시각 묘포장으로 꽉 들어찬 영산홍에 핀 눈꽃이 햇빛을 머금고 반짝거린다 저것도 시간이 지나면 팍팍한 가지로 건조한 피부를 긁어대겠지 그래도 희망만 복스럽게 매단 겨울눈으로 토실해질 그 안에 뜨거운 피 돌며 뿌리 내릴 기운 가지와 잎 내밀 영양으로 그득해질 테지 그만 끓여, 부서질 것 같은 선짓국

그 길

태연하게 그 길을 걸어 나왔다
비가 오는 길을 미끄러져 나오며
실린 채로 달려와 우산도 없이
반가운 손수건으로 젖은 머리와 옷깃을 훔쳐내곤
날궂이 동지를 만난 듯
그 길을 돌아 나왔다
어두워진 밤길 혼자 걷기 좋아
일부러 다시 걷기를 시작했던
그 길,
그 길이 끝나는 지점에서 되돌아 한 번 더 걷고

나는 그 길에서 모든 길이 종료될 것이라고
굳게 믿고 있었다 아무 의심 없이
그 길은 늘 내가 걷는 산책로라고
그 길에서 오늘 나는 타인이었는데
타인의 발길로 걷는 그 길에서 만난 이들도
적당히 남이 되어 퇴색된 반가움도
웬만하면 되돌아 그 길을 한 번 더 걷고도
거뜬한 마음을 추스를 수 있었을 텐데
나는 빠져나오듯 그 길에서 이탈되어 있었다

아직 내게 유효한 언덕길에서 숨을 돌리며
익숙한 것들의 낯섦에 대하여 벅차했다

콩깍지를 까며 둘러앉아

이틀 정도면 되겠지 했던 시퍼런 날들
이슬 맞아 눅눅했던 콩깍지는
점심 이후부터 급속히 딱딱하게 굳어져 탱탱한데
콩깍지를 까면서 노닥거리는 시간이 지루해질 때쯤
눅눅함에서 딱딱함으로 모습을 바꾼
콩깍지 바깥에서 기고 있던 털까지 날 세워져 있다
주로 엄지와 인지를 사용하며 콩을 까는데
콩깍지는 등 뒤로 나 몰라라 내 던져지고
파란 포장의 바닥에는 메주콩 햇볕에
눈부시게 하는 동안, 날카로움과 자주 만난다
어제까지는 그런대로 넘겼거니와 오늘은
인지 쪽이 자꾸 쓰리고 아파, 먼지 낀 손을 씻을 때
가만히 들여다보니 꽤 중첩되어 껍질 벗겨져
얌전하게 닳고 들어가 우물처럼 패여 있다
내 육안으로도 헤진 구멍이 보이는데
현미경 같은 것으로 내려다보면 얼마나 시릴까
아프니까 파인 것이 보이네
콩을 둘러싼 콩깍지, 콩깍지를 에워싸는 털
손가락을 벗겨내는 뾰족한 것들이 사방에서
아침나절에는 가지런히 누워 늘어뜨려 있다가

들판으로 해가 번득일 때는 빳빳하게 바로 서니
그 날세움이, 잘 드는 면도칼을 넘어선다
무딘 감성도 자꾸 건드려 바짝 말리면 도검이 되는 것
자주 적셔 입안을 축여야 하는 콩깍지를 까며 둘러앉아

절반의 부들

그 벤치 한 끄트머리에 앉아 있으면
바람의 소리, 웽웽 지나가려나 싶다가
깊이가 연못 바닥을 파고드는지
윙윙대며 가닥을 분별할 수 없게끔 합성
근원을 치밀며 수면으로 잔잔하게 퍼진다
단단하게 뿌리박힌 부들의 절반은 기울고
절반은 노랗게 변색하여 세월을 이끌고
시선 놓쳐 아득해진 시원의 숲 속으로
쏜살같이 놓치고 마는 바람의 항로
끝 마르며 삭아지는 동안 부들의 뿌리로
순도 높은 전류가 사지를 떨게 한다
부들부들,
대책 없이 불어제치는 바람의 거처도
부들부들,
세상 구경 다 마친 늘어진 바람들이
골을 타고 내려와 부들에게로 달려든다
그 앞에 나도 한 정경으로 풍혈이 든다

능사거니 도태거니 사람이다

흡吸과 호呼와 지止에 대하여 오래도록 떨어지거나 간절하게 매달리거나 모르게 이끌렸다. 내쉬거나 들이마시거나 숨을 그쳤다. 주거니 받거니 그리고 멈췄다. 쥐었다 펼치고 잠시 머물렀다. 지니거니 버리거니 늘 빈털터리. 열리거나 닫히거나 실재다. 닿아있거나 멀어져 있다고 이쯤에서 금 긋는다. 마시거나 내뱉거나 목말라 있다. 끼워 넣거나 빼낸다 아님 잃었다. 황홀했거나 거칠거나 때로 가라앉았다. 젖어있거나 말라있거나 뽀송뽀송하다. 빳빳하거나 후줄근하거나 목질을 지녔다. 파내거니 덮거니 묵밭이다. 그뜩 붓거나 잔뜩 받거나 목석이다. 혀끝이거나 손끝이거나 살결이다. 능사能事거니 도태淘汰거니 사람이다. 살아있거나 죽어있거나 목숨이다. 가거나 남거나 늘 떠있었다. 나만 모르고 있었다.

사랑하는 것들은 수수 빗자루처럼 가볍다

긴 복도에는 바짓자락 끄는 바람에 따라 휩쓸리는 먼지들이 문틈과 벽 귀퉁이로 서로 꼭 붙잡고 놓아주지 않는다 사랑하는 것들은 정적만큼이나 구체적으로 자세를 낮춘 한 손에 든 수수 빗자루처럼 가볍다 허리를 숙이니 몸이 비틀리며 기운다 두 손 숙여 온전하게 허리를 받쳐 주며 정성으로 보호한다 된 몸으로 비척대며 땀이 맺혀 나온다 구석구석 먼지를 뒤집는다 교실 두 칸 지나면서 쓰레받기에 담는다 복도 창을 모두 연다 교실 한 칸에 네 장짜리 창문 다섯 개와 마주친다 사랑하는 것들은 겨울 유리창의 성에 낀 긴장을 닮았다 쓰레받기를 들고 허리를 받쳐 세우며 주춤한다 이물질 섞이지 않은 흙먼지가 가까운 숲으로 모인다

여자의 화장

여자의 화장은 무.릇. 준비를 뛰어넘는 초월이다. 이무기가 용이 되는 승천의 다급함도 신화에 묻힌다. 외로운 영혼을 달래주는 위무 잔치고 놀이며 몰아沒我다. 저 세상과 이 세상이 아닌 그래서 혼자되지 않아도 되는 필연과 우연 절대와 상대다. 떠난 자와 남은 자 틈에 있다. 혼자여서 더러 뻰찔나도록 아름다운 절규다. 꿈틀대며 떠나려 했던 흔적만으로 거울을 따라 길게 두 손 모은다. 승천하지 못한 분주함.

몽환夢幻

주전골로 내려오며 맑은 물과 생강나무 노란 꽃 천지에 이미 홀렸었다 허깨비도 아니고 꿈도 아닌 용소폭포와 선녀탕에서 홀린 것의 절반을 잃었다 선계에서 발을 빼기 싫어 도깨비를 만난 것이었을까 그녀에게 몽환적 아픔이 스몄을지 모를 일 바지 뒷주머니를 힘들게 들락거리던 지갑이 상의 주머니에도 들락거렸다더니 몽환이었을까 제 무게에 짓이겨 발을 빼고 싶었을까 도깨비는 지금쯤 고소하다 할까 싱겁게 웃으며 저어할까 그 몽환은 더디게 시간을 번다 둥둥 떠다닌다 바닥을 긴다 대청봉을 향해 화살을 쏘았으나 허공을 가를 뿐 비틀거리며 갈피 없이 흔들린다 비가 온다 새 지갑을 뒷주머니에 꽂는다 몽환이 떨쳐질까 몽환은 이쯤에서 지워질까 주전골은 이제 꿈에서조차 나타나지 않을까 사邪와 마魔는 곧잘 몽환과 가깝다

시계는 시간을 가르며 분별을 심는다

시간은 찬바람을 부르고 늦어진 일상을 깨워 갸웃거리게 한다 분별의 크기에 눌려 한 귀퉁이에서 꿈틀댄다 걸어간다 온갖 바램이 분별 속으로 잦아든다 오싹한 한기를 어깨에 붙인다 어깨에 분별이 깨질 듯 탱탱한 무게

시계는 시간을 가르며 다시 길을 떠난다 그녀의 흔적 가득한 신작로를 만들며 세월은 넘실댄다 플라타너스 몸집 안에서 초침과 분침의 보폭이 급해진다 분별 속에서 숨차다 팽압이 튀어나온다

분별보다 작은 물상이 두 손 모으고 있다 잔상이 일그러진다 흐트러지고 호흡은 멀어졌다 언덕을 오를 때 딱 한 번 뒤를 돌아본다 시계는 그녀의 눈매를 똑 닮았다 깨져 있는 분별 가득 포착된 시간만 옹골차게 머문다

선녀탕

맑은 달빛이
은은하게 펼쳐져야 한다

훤한 달빛에
선녀 알몸이 보이는
옷 벗어둘 너른 반석이 있어야 한다

옥체 반짝이며
물 또는 빛이 되어
파문으로 이지러지는
눈 시리도록 부신 내가 있어야 한다

밝은 달빛에
더러 옷을 잃어버리게끔

딴청을 부려야 한다

사막을 꿈꾸며

사막에서 맨발이 되면 모래는
지들끼리 부딪히며 미끄러진다
젖어 있을 까닭이 없다
바닥을 알아채기 어렵게끔
고운 모래 깊이로 간질인다
품속으로 파고드는 낮은 바람이
모래톱을 이루고 허문다
고분고분 바스러지듯 흩어지면
모래처럼 곱게 이끌릴까
산책이었던 호흡에 모래가 실린다
몽실몽실 땀방울이 피어오른다
이때쯤이면 사막으로 잠긴다
질 마른 비들광주리의 부드러운 곡면을 만지듯
사막의 등은 벗어나기 어렵다
달라붙듯 착 안겨 광활하게 나돌아도
더는 숨차지 않다
가벼워져 있는 동안 다시 모래는
머금었던 물기를
모래톱 낮은 바람 혹은 꿈결로 내보낸다

섣달 그믐에

아니다 섣달 그믐이라니

잘 되는 일도 없지만 딱히 잘 되지 않는 것도 없는 시대가 왔다고
처용탈만 눈 크게 뜬 채 히죽대는 신문지 같은 벽을 향해
명절이면 뭐해 나타나지 않는 섣달 그믐들이 많아
봉분만 봉긋하면 뭐해 예초기는 애꿎은 땅만 파내는데
할배, 증조, 고조, 고고조 줄줄이 늘어서 있으면 뭐해
누가 먼 길 마다 않고 달려 오가고 누가 명절이면 보이지 않아
어디 숨어 술잔을 기울지 누구랑 이야기를 하고 있을지

집집이 들리는 소식
벽지에 발라진 신문지 흑백 글씨 사이에
울긋불긋 이제는 색 바랜 사진으로 간간이 끼어
누구네 집 이야기인지조차 그리 중요하게 파악되지 않아
가끔 내뱉는 혀끝 차는 소리까지 들리지 않아
섣달 그믐이면 일 년치 안부를 묻느라 전화가 달아오른다
섣달 그믐이면 빳빳한 오천 원 지폐 냄새로 퀘퀘한 일 년치 궁색을 턴다

고속도로에 가득 들어찬 승용차의 행렬은 제대로 조합이 되어 있는지
갈 곳을 가고 있는데도 모이면 보이지 않는 행과 열은 늘어나는지

오색의 새벽, 언덕길

오색터미널로 내려가는 계곡에서 찬 기운 몰려온다 모자를 세워 쓴다 오색터미널 앞 공중전화 부스에 손을 찜하고 되돌린다 언덕을 오른다 KBS와 MBC에 나온 두 식당이 마주보며 집단 시설 지구의 처음을 알린다 오색온천장, 설악온천장, 온천용천장, 오색그린야드호텔, 주차장, 별관을 지나치며 남설악 매표소로 간다 건널목 흰 선에 눈도장을 찍고 언덕을 내려간다 버스 기사가 꾸부정 핸들에 가슴을 얹었다 온천용천장에 검은 잠바가 나를 보며 움찔한다 말 걸려다 만다 설악온천장 앞에서 오리털 파카가 나를 보며 움찔한다 다가서려다 만다 오색온천장 앞 바짝 마른 신경질이 잰걸음으로 나를 향하다 되돌아선다 황태 해장국으로 가득한 식당들이 이어진다 오색터미널로 다시 흐른다 조금 있으면 다시 남설악 매표소로 언덕을 오르고 있을 것이다

그녀의 손이 차다

손과 손이 허공을 가로젓고
통과표의 양끝에서 만나
내 손이 그녀에게 전해지고
그의 당기는 혹은 잡아채는
하얀 이끌림만으로
허공에서의 스침
그녀의 손이 손끝을 넘어서
구름 속의 금을 돌아 나오더니
그녀의 손이 차다고 느낀 순간
구름의 부드러운 깃털은 흐트러졌다
그녀의 손이 얼고 있다는 느낌만 남았는데
멈칫대며 빙 돌아 나와야 할
용인아이씨를 빠져나오는 길은 왠지
조심스럽기만 한 머언 나라
손을 자주 내밀다 보면 꽁꽁 얼겠다
자주 아침이 흐리다

5부

따스하거나 뜨겁거나
훈훈하였던 기억들은

무릎의 진경산수

다리를 쭉 편다 덩달아 팔까지 세워진다 잠자리에서 일어나는 게 움츠렸던 생각들을 발바닥과 손바닥으로 밀어내는 일로 분주하다 무릎을 잡아당겨 세운다 뻐근해진 허리를 틀어주려 좌우로 높아졌다 낮아져 간다 부석사에서 바라보았나 치악산 상원사였나 멀리 첩첩 산들이 올망졸망 눈맛을 삼삼하게 하던 때가 있었다 무릎에 원근을 주며 세웠다 눕혔다 돌렸다 오므렸다 가까이 두었다 밀쳐내며 쭉 뻗기도 하니 캬 기막힌 산 첩첩 골 겹겹 의념이 호연지기라 겸재의 진경산수가 펼쳐져 조망되는 무릎이 우주였다

소주천, 수군대다

이르게 도장에 도착하여 옷을 갈아입고 잘 터지지도 않는 소주천小周天을 돌린다 고요하여 그의 곁에 사람이 와 있는지 모른다 아무 소리도 들리지 않는다 회음에서 들이마시며 백회로 미간으로 코에서 입을 통해 앞가슴까지 단숨에 뜨거운 기운을 돌리고는 내쉰다 하단에 이르는 훈훈한 주행이다 따스함이 몸 안에서 피어나며 수군댄다 새벽이 안개를 품어 산을 덮는 소란이 가라앉는다 저 멀리 안개를 헤치며 태양이 석양처럼 꼭 고만큼 붉다 정념에 사로잡힌 아침 햇살이다 뭉툭한 질감을 지녔다 어둑한 소나무숲을 비추고 소나무는 먹칠한 줄기로 햇살을 맞는다 한참을 원시의 우주에서 젖어있다 오래된 풍경은 왜 그리 축축하고 눅눅한지 하도 고요하여 다들 다른 곳으로 갔나 보다 시간이 묻는데 살짝 눈을 뜨니 삼삼오오 하얀 줄기의 자작나무를 닮은 도반 ㄱ, 도반 ㅇ, 도반 ㅈ, 도반 ㅂ, 도반 ㅊ, 도반들이 옆 옆 옆 뒤 뒤 뒤 맨 앞의 나를 둘러싸고 있다 따스하거나 뜨겁거나 훈훈하였던 기억들은 오래된 풍경과 섞여 시퍼런 숲을 이룬다

걷는 유전자

걷는 관습만 남았다 허기져 맥 빠진 채 걷는다 진화 속에서
걷는 유전자를 힘들게 얻어낸 몸의 기록을 더듬는다

소나무의 기운을 얻는다 소나무는 공해에 약해 온몸으로 탁
한 공기와 환류하며 맞서 있다

영혼의 기억은 순간적이고 임의적이다 제.멋.대.로.다 일상
처럼 양식과 순서를 지니고 있지 않다

온몸으로 맞서는 습관은 변화여서 진화다 그런저런 생각으
로 모공을 연다

벽곡의 메멘토

새들은 둥지의 나뭇가지를 지탱하느라 노래한다 들을 힘만으로 간신히 바라본다 걷는 힘매가리만 꿈틀댄다 몸의 기억은 기록이다 새겨놓은 대로 오랜 시간 풍화와 함께 하는 화강암의 부조이거나 가라앉아 뒤집힌 음각이다 내 배는 화강암처럼 단단하고 널찍하다 칼을 세워 글자를 기억을 위해 파낸다 파낸 글자의 기억을 더듬느라 다시 여백을 날카롭고 세밀한 글자로 남긴다 나흘째의 벽곡에 배는 등짝에 다가있다 오래도록 뱃살이 이토록 등 가깝게 달라붙은 적이 있었는가 섭취한 만큼 불려 있었고 소화한 만큼 들어가 있던 배가 아예 화강암 절벽이다 허기지다 소주천小周天 하나만으로 먹을 만한 것들을 잊는다 배고프다 먹었던 기억들이 지워진다 머물던 것들은 뒤집혀 있다 짜 맞추기 벅차다 배고픔은 질서와 순서를 부순다 영혼의 진화란 일련번호를 파헤치며 누군가의 기록을 소멸시키는 것이다 세월의 흔적을 말살시키는 벽곡은 배고프고 힘매가리 없이 아수라로 다가서는 일이다

북한산 진흥왕 순수비

닳고 닳아 글씨조차 보이지 않는다는
진흥왕 순수비를 쳐다보면서 숨을 멈췄다
단숨에 한 키를 뛰어오르는 사람보다
멈칫대며 더듬더듬 바위를 오르는 사람이
바라보는 사람에게 한결같이 위태로운
그 순간 오르지 못한 마음에 평화가 깃든다
진흥왕도 추사도 그곳에서 숨 고르며
오르지 못한 사람보다 올라와 평화로운
다시 내려가야 할 위태로움을 짐짓 가린다
아까워서 남겨 둔 비봉의 진흥왕 순수비를
문턱에서 머뭇대며 옛사람을 그리워한다

마성 터널 빠져 나오는 길

단풍이 제법 신갈나무까지 물들이는 계절이었다. 어디까지 단풍일지 두고 볼 일이었지만 괘념치 않는다. 터널보다야 우회 도로여야 산의 풍경 고스란히 담길 것이기에 자주 에둘러 지난다.

비가 쏟아지는 겨울의 문턱
단풍과는 상관없이 아침부터 어두운 먹구름이 가득 드리운
스산한
라이트를 켜기도 그렇고 대체 읽히지 않는 시간대
쏟아졌다 멈추었다 늘었다 줄었다
비도 길도 좀체 허락되지 않는 미지의 공간까지도
모든 게 출렁거리는 날이 있다고 둘러치며 지난다

터널 천장에서 쿵하고 떨어지는 게 있었다. 터널 중간까지 타이어를 따라 들어온 비의 흔적들이 질척거렸다. 터널을 빠져 나오니 내 꽁지에 서늘한 기운이 달라붙어 있었다.

허리를 돌려 뒤를 본다
고개를 사방으로 흔들어 본다
그 기운을 만져 본다

그렇게 돌아 나온다
본다는 것은 거기서 그만이었다

내가 그 터널을 빠져나가고 있을 때는 상황이 종료된 후라고 들었다. 내가 그 터널 입구로 진입하기 전에는 산 위에서 투신한 남녀의 시신으로 정체였다고 한다. 그날 오후 그런 말들에 휩싸여 있으면서 살아서 입을 여미는 내 주위의 탐욕에 놀라고 있었다. 나도 그 속에서 탐욕의 말 잔치에 나출되어 응응거린다. 내가 여닫는 성대에는 수긍도 부정도 아닌 헛헛한 무위의 공기가 들락거렸다. 슬픈 산화의 공중에서 성근 바람이 연방 일렁인다.

그의 상상력

그의 상상력은 맨몸이다
쉽게 떠들다가는 뭉쳐 있고
날이 샐 무렵 빛과 함께 흩어진다

그의 상상력은 뿌리에서 어지럽다
견디기 어려워 흔들리는 중략으로 가고 있다
그럴 때 잠을 청한다
깊은 잠에 곯아

잘 생긴 나무를 잉태한 적이 있다
덜컹거리며 심어 놓은
나무, 무거워질 즈음에
가벼워지고 싶은 안달이
깊은 고요를 연다
순서 바뀌어도 생략하는 일은 없다

피륙혈근골

산다는 건
겨울 햇살 잠시 비출 때
따스하다
피륙혈근골로 느끼는 것

맥 풀린 사지 근처
돌담에 달라붙은 담쟁이덩굴
마른 가지를 깔고 앉아
따스함에 절여지는 것

그러다 그 자리를 떠나는
기약 없는 예측으로 길을 나서는 것

그래서 산책은
그저 산책이어야 하는
피륙혈근골로 접어드는 것

조기 매운탕과 아버지

아버지를 남편과 부산역으로 모셨거든
아직 시아버지와 시댁 식구들이 그대로 남았는데
도망치듯 남편과 모시다 드린다고 나섰건만
오후 열한 시 열차 시간은 두어 시간 남았다는 거지
일흔의 아버지를 모시고 대구탕 대접을 하려는데
조기 매운탕을 드신다며 잠시 자리를 뜨셨어
남편은 장인께서 술 드시는 몰두에 열차표가 없을 것이니
편하게 술 드시고 근처에서 주무신 후 아침에 출발하게
소곤거리며 아버지 이야기를 하였는데
일흔의 아버지가 철도 패밀리 카드를 만드셨어
서울과 부산을 오가는 데 정성을 쏟으신 거지
그러니 잔뜩 조여서 살아가는 이야기를 하시고
"나도 그렇게 살지 못해
이런 말할 자격은 없지만,
忍자 하나더라. '참을 인' 자."
"내 얼마나 모을 줄 모르지만,
사돈어른과 국외든 국내든
함께 여행을 하려 하니,
내 이야기를 꼭 전하거라."
허이허이 큰 키와 손을 흔들며 '잘 살아' 하신다

오고 가는 긴 시간이 너무나 즐겁다고
내 이제 철도 카드가 있으니 또 오마며
이제는 나와 남편이 많이 똥글똥글하게 닮았다며
너털웃음 속에 아버지의 헛헛함이 모두 심겨져 있었어
아버지를 따라 그대로 서울로 올라가고 싶은 것을
아버지 손을 잡고 아버지의 깔끔함을 묵묵히 돕고 싶은 것을
내가 철도 카드를 만들지 못할 것은 또 뭐인지
세월이 녹여 내는 '참을 인' 자는
아버지가 손 흔들던 허공에 오래도록 머문다
그 자리에 붙박여 꼼짝없이 속으로 울었나 보다

화농化膿

열이 많았었던 날
슬쩍 귀 위로 포도상구균이 침입한다
분화구가 서너 개 생기더니
백혈구 유인 인자나 로이코시딘을 생성하여
감염 부위에 화농성 염炎을 일으킨다
농즙膿汁이 들락거리고
항생제 주사를 맞고 절룩거린다
생성과 소멸 사이가 보름이더니 길어지고
딱딱해진 피지로 포장된 길이 뒷목으로 이어져
찢어내겠다고 가라앉기를 기다리다가
견딜만하다고 그가 살아내는 방식
찢어내도 다시 찢어낼 게 예비 되었을 거라는 생각
그에게 화농균은 그렇게 들락거렸건만
들어낼 생각
그의 몸에 거추장스러운 대상들이
꽤 매달려 있다는
그래서 흐르는 물살을 위해
물길을 터 주자는 뒷목이 뻣뻣할 때쯤에야
겨우 도인체조를 한다
굴신屈伸이 어려울 때쯤에야
화농이 터진다

* 로이코시딘 : 백혈구를 죽이는 독소

간肝

거울로 상기된 눈이 나를 쳐다본다 눈은 간을 읽게 해준다 삼각형을 닮아 있는 간을 매만지다 나무를 만난다 간은 나무의 성질을 가졌다 발갛게 익은 눈망울을 보면서 갈등의 모습을 떠올린다 갈등은 나무의 심재다 심재는 죽어 있는 부분이지만 색을 지녔다 생명이 오고 가는 통로는 아니지만 촉촉하여 살아 있어 보인다 심재처럼 간도 젖어 있을 게다 갈등이 심한 날은 간이 말라드나 보다 바짝 마르다 보니 논바닥 갈라지듯 눈을 벌겋게 상기시켜 호소한다 호소는 늘 눈망울로 젖어 있다

아침 햇살

한동안 잊고 살 수밖에 없었던 지지리도 다급한 일상은 늘 고개를 한쪽으로 꺾어 둔다 만져보면 단단해져 매만지기 어려운 저잣거리를 닮았다 그러다 아침 햇살을 만난다 새삼스럽다는 생각으로 그의 따스한 어루만짐에 이끌린다 뜨겁지도 않고 설익지 않은 따사로운 아침 햇살이다 거칠 것 없이 세상으로 다가오는 것 피할 수 없이 누구나 받아들일 수 있음에도 선택이라 만남이 유예되어 있다는 것 가슴 아래에서 따스한 기운이 솟아오르면서 입가에 엷은 미소가 지어지는 것 그리하여 그와 만나는 날은 오랜만에 세상의 기운 생성, 생성, 생성으로 가득하여 그윽해지는 것

테니스 앨보

붙잡을만한 튼실한 것들
곳곳 삐죽 뻗기만 하면 매달릴 수 있는 것들
손이 민망해 스치기만 해도 달라붙는 것들은
밀쳐내는 부력을 가졌다
낯설어져 더 깊고
퍼즐처럼 짜 맞추기 어려워
낭떠러지처럼 심하게 갈라졌다

팔꿈치에서 삐그덕거리는 경고
일상의 널려 있는 자리에서
막힌 채 생동하는 앨보
제 것인 양 바닥을 기고
좌중에서 푹 익어가고 있다

몹시 매 맞아 시퍼렇게 멍든 언어의 기운
욱신거려 끝도 없는 나락
한참을 지나쳐
온몸의 장독을 다독거릴 수 있는
천근 같은 몸의 부분들이 각기
따로 앉아 둔덕을 이룬다

별도 달도

잘못된 것은 들뜸이 아닐까
늘 쳐다보며 다독거려야 할 참인데
무언가 보이려는
그런 것들

별도 달도 놀고 나면
남은 것은 울렁거림
허망한 광대 짓이라고 생각했을 때
억 광년의 우주로 실려 다녔다

직시直視

넘치지 않는다
흐르지 않아 움직이지도 않는다
지나쳤구나 싶은 때를 안다
기세를 꺾어
바라볼 수 있는 참된 마음을 끄집어낸다
호방하다는 생각
잘 이해한다는 생각
세상의 쓴맛 단맛 다 맛본 유연함이라는 생각에서
소통되지 않는 부분을
바르게 뚫어 주는 것이라는 생각마저
똑바로 바라본다
그런 연후에 이르는 자유 또한 알지 못한다
넘치지 않는 것일 테다
넘치려는 기운에 묻혀 있을 뿐
똑바로 바라본다
넘치고 나면 망가져 있을까
망가지고 나면 비워져 있을까

탱탱한 종아리

과천에서 계곡을 따라 물소리를 들으며 오르는 관악산은 청명의 형태로 드물게 건강하다 연주암에서 공양이 있다는 앎에 빈손임에도 희망이라는 알맹이가 일렁인다 사당에서 올라가는 길과 달리 종아리에 힘이 든다

산행 이튿날 어김없이 탱탱해진 종아리를 손바닥으로 비비고 두들긴다 짜리~한 진통이 종아리에서 온몸으로 옮겨지는데도 또 건드리고 싶다 길거리에서 종아리만 커져 보여 저 종아리도 탱탱하게 알이 배여 문지르면 짜리~할까

저들 아픈 종아리를 지녔어도 얼굴 환하게 화평하다 관악산에서 얻어 온 종아리로 껍질 벗긴 속깊은 미소짓는데 지나며 보이는 세상의 통통하게 부풀어 오른 종아리들이 모두 예쁘다

시인의 가슴

그에게 하단전下丹田은 둥글고 넓고 물렁하다 그는 배꼽 아래에 대하여 공부한 적이 없다 그렇다고 배꼽 위쪽에 유난히 천착한 것도 아니다 다만 가슴이 발달하였다 뭔가가 제 혼자 자라며 지경에 이르는 것이 있다면 가슴일 것이다

파헤쳐져 도려낸 상처와 물려 터진 그의 가슴은 단단하다

하단에 대하여 진지할 때 난처하다 그의 하단은 배고프고 빈곤한 시인의 변덕스런 아랫배일 뿐이다 맑고 탁한 음식을 구분할 줄 모르는 길들지 않은 아랫배 그러나 굶거나 부실하여도 풍경 좋은 산천을 만나면 익힌 술로 거나해지는 정신을 섭생으로 모시고 있다

숱한 짓이김 가슴앓이로 성벽을 쌓고 있어서일 것이다 이쯤에서 가슴 깃들여 접는다

온몸에 절단기 소리

앞 창문을 닫았다 옆 창문도 닫아야 했다 화장실 쪽창이 열려 있다 온몸에 절단기 소리가 쥐어 짜진다 책을 읽거나 아득한 생각에 절어 있는데 어김없이 꼭 고만한 간격으로 길거리 마당에 펼쳐진 절단기의 고통스러운 고속회전은 세상의 열려 있는 간극 바람이거나 햇살이거나 낮아진 그늘 근처이거나를 가리지 않아 냅다 휘둘려 있다 뿌리 깊숙이 땅속에 묻어 두었다 풀어내는 어둡고 습기 있는 소리를 끄집어내고는 징허게 울어댄다 몸을 뒤척이며 귀 막고 코 박아 보나 들리는 동안에는 찢어지듯 산산조각 된다 절단기에 물려 있는 철판만 자로 잰 듯 잘라져 있었다

마음의詩 14
고라니 고속도로

초판인쇄 2007년 1월 25일
초판발행 2007년 1월 30일

지 은 이 온형근
펴 낸 이 김충규
펴 낸 곳 문학의전당
출판등록 제387-2003-00048호(2003년 9월 8일)

주 소 152-841 서울특별시 구로구 구로 6동 97 1 로얄프라자 206호
전화번호 02-852-1977
팩시밀리 02-852-1978
홈페이지 mhjd2003.com
블 로 그 http://blog.naver.com/mhjd2003
전자우편 mhjd2003@naver.com

ISBN 978-89-91006-56-0 03810